20 små lydrette historier

Arbejdsbog

 PIFFZ

20 små lydrette historier - Arbejdsbog
© Piffz, 2016
www.piffz.com

2. udgave, 1. oplag
Trykt i EU, 2016

ISBN 978-87-93084-01-8

© 2016 Opgaver: Natalina Atlanta Bramsted
© 2016 Illustrationer: Corfitz J. B.

Omslag og grafisk tilrettelæggelse:
Yummp - www.yummp.net

 PIFFZ

Velkommen til arbejdsbogen

Hej igen. Det er mig, Fridusmus. I denne bog har jeg lavet en masse forskellige sjove opgaver, som passer til historierne i "20 små lydrette historier".

Jeg vil hjælpe dig hele vejen igennem arbejdsbogen og fortælle dig hvordan du kan løse opgaverne. Hvis det bliver for svært, så kan du spørge en voksen om hjælp.

God lærelyst!

Her skal du farvelægge tegningen

Her skal du skrive de ord der mangler. Du kan se ordene i boksen nedenunder teksten

Elefanten danser med en _____.

Musens bluse er _____.

Elefanten har en gul _____ på.

Musen er _____.

Musen vil _____.

rød	mus	kjole	danse	lille

Tegn elefanten færdig ved at følge alfabetet

Sæt ring om alle vokalerne

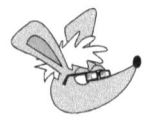

Elefanten danser med en mus.

Musens bluse er rød.

Elefanten har en gul kjole på.

Musen er lille.

Musen vil danse.

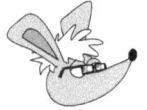

Kryds og Tværs! – Skriv det ord der passer med billedet

3 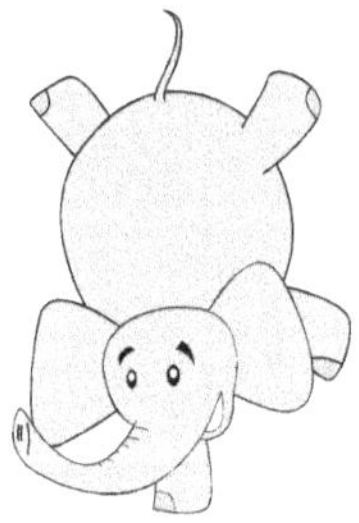

2 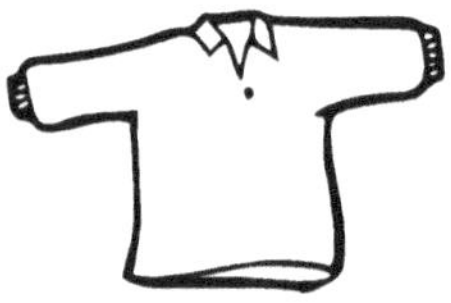

4 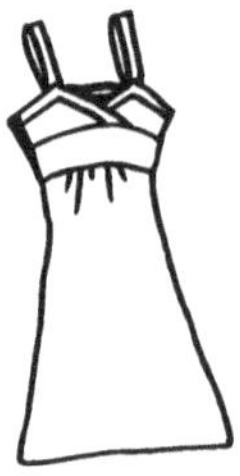

1 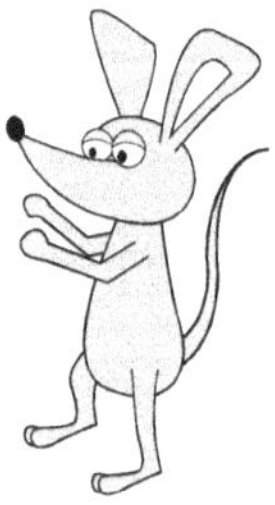

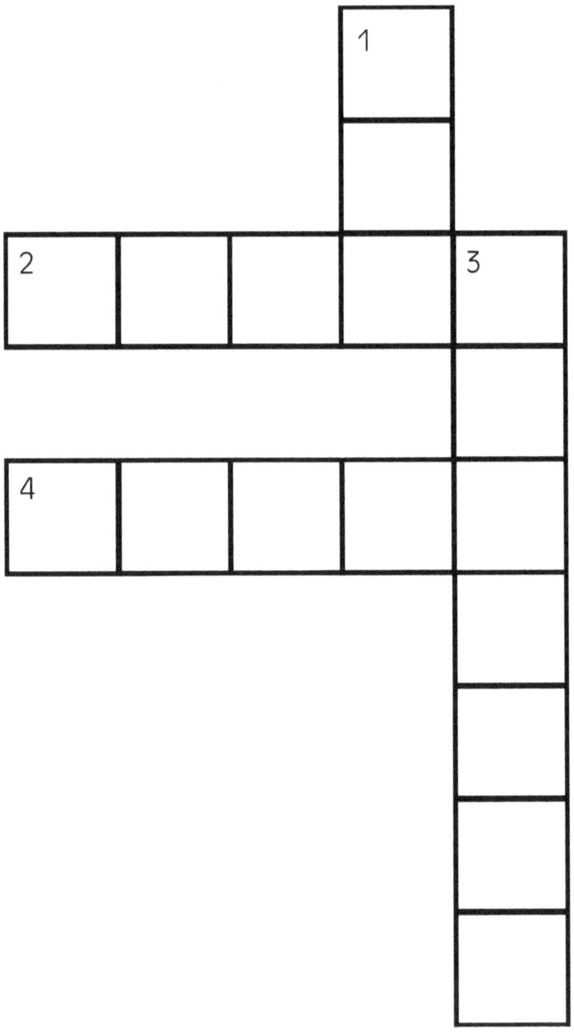

Her skal du skrive de ord der mangler. Du kan se ordene i boksen nedenunder teksten

 Her er _____

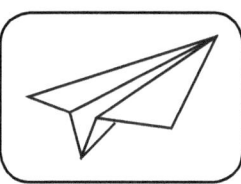 Her er et _____

 Her er et _____

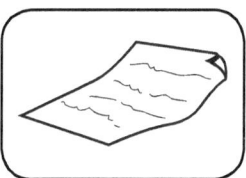 Det er af _____

papir   lyn   Bo   fly

Hjælp bo med at kaste hans papirfly gennem labyrinten

Bogstavjagt! Sæt ring om det fremhævede bogstav og tæl, hvor mange der er

m	a f w m k ø r d m u g m m w a s d m å m	
a	k d a m a w f a n l o i n f a i o a a j f q	
l	a s l e k l t l s c d v k l s l l l a s d a c	
e	e l s e i w e i ø a å n e ø f j a b w i e å	

Find 5 fejl

Her skal du farvelægge tegningen

Her skal du farvelægge tegningen

Skriv Alfabetet. Brug så alfabetet til at se hvad der står nedenunder

1	2	3	4	5	6	7	8	9	10	11

12	13	14	15	16	17	18	19	20	21	22

23	24	25	26	27	28	29

4	5	14		12	9	12	12	5

1	2	5		22	9	12		8	1	22	5

18	9	19		15	7		11	28	4

Find ordene

d	g	æ	l	w	o	b	a	n	a	n	w	g	k	ø	d
j	s	e	a	b	e	g	k	æ	p	l	i	l	l	e	g
r	q	w	x	b	r	i	s	f	d	e	k	u	m	a	d
h	y	j	f	n	æ	l	ø	t	f	å	v	t	b	s	h
g	t	x	d	e	i	k	k	e	f	b	n	h	t	f	s

abe   ris   mad   banan
      lille   ikke   kød

Byt om på bogstaverne og dan ord

nabna = _____

bea = _____

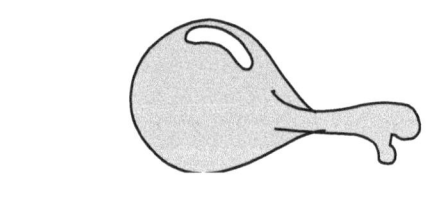

døk = _____

sir = _____

Sæt ring om 'n'

En abe vil ikke have en banan.

Den vil have ris og kød.

Den får en banan.

Bananen er god,

og aben er sur.

Sæt ring om 'f'

Fie har et får.

Det får fik et lam.

Det er et fint lam.

Det er et lille lam.

Det får mælk hos sin mor.

Skriv selv ordene på linjen

Fie

får

lam

mælk

lille

Her skal du skrive det manglende bogstav

F___e   m___r   l___m

lil___e   f___r   m ___ lk

æ   l   o   å   i   a

Sætningsjagt! Skriv de bogstaver du møder på den rigtige vej gennem labyrinten

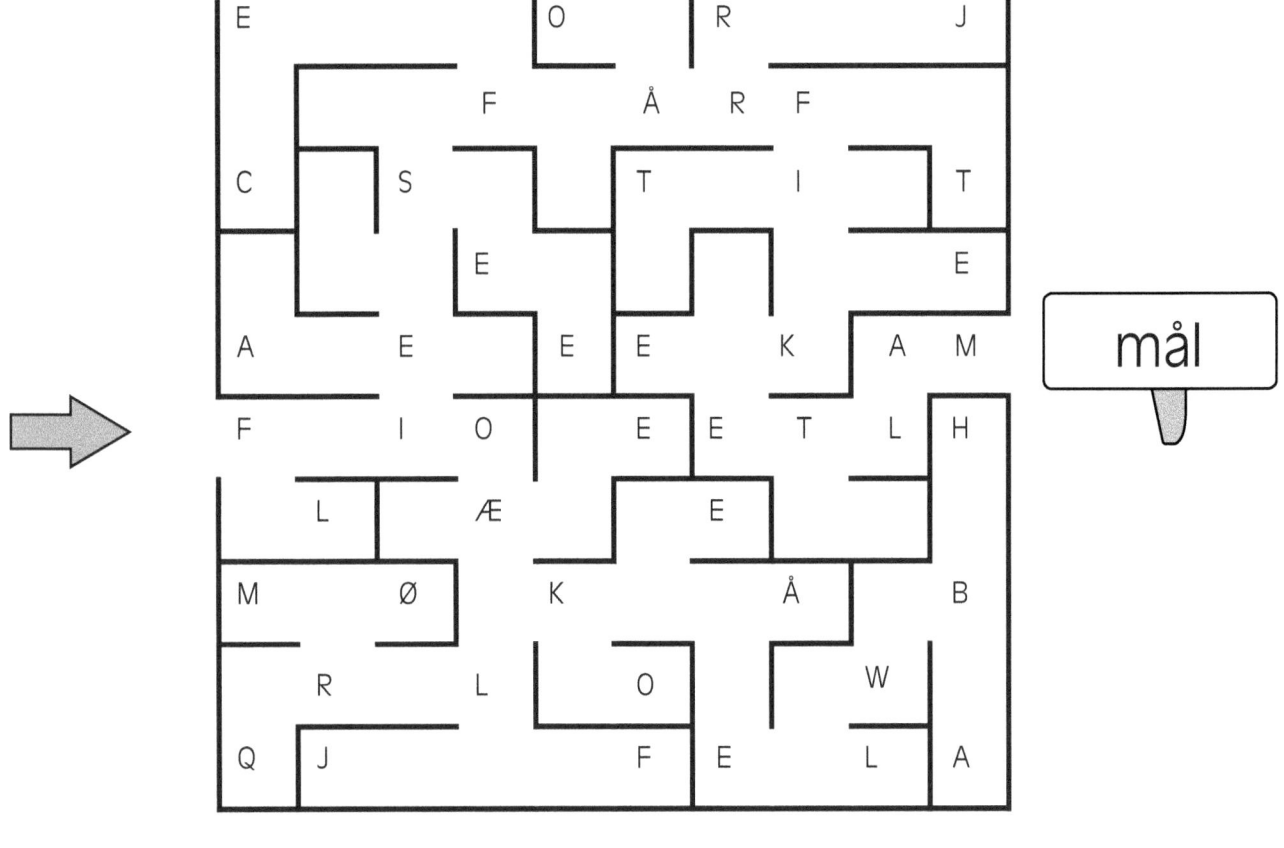

mål

___ ___ ___ ___ ___ ___ ___ ___ ___ ___ ___

___ ___ ___ ___ ___ ___

Her skal du farvelægge tegningen

Bogstavjagt! Sæt ring om det fremhævede bogstav og tæl, hvor mange der er

k	j s k d i e u d k e j d u a j k k d j a u k	
ø	s ø d k e ø f ø f k r k e ø d k a k d k i j	
b	b s y e h d b f b f h r a o d b p f b i l t	
e	f u e s k u s e e k s j d k s e b a p o ø j	

Tegn skoen færdig ved at følge alfabetet

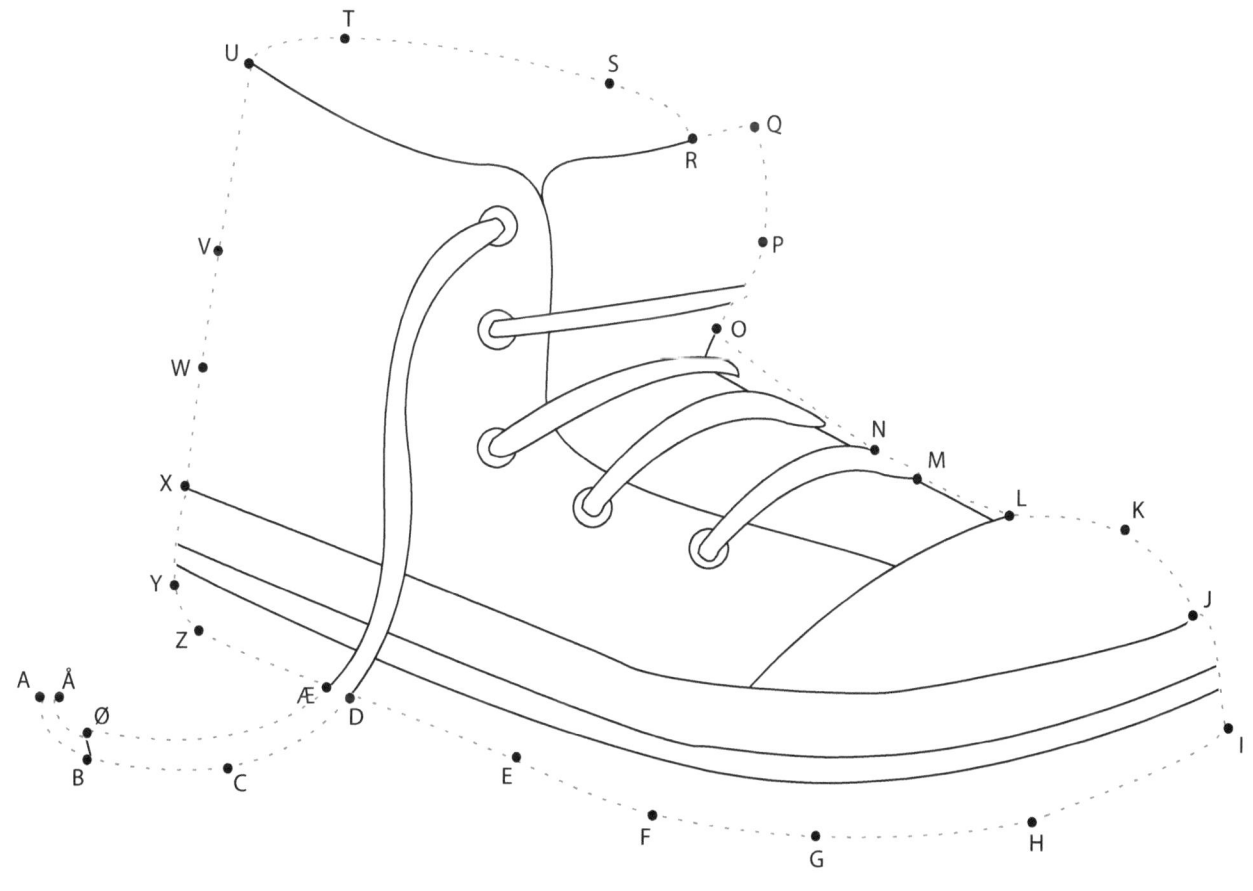

Find ordene

v	h	j	u	g	u	l	e	d	f	g	b	g	h	j	y
k	ø	b	e	d	f	r	a	s	m	a	x	g	f	b	t
b	y	u	å	ø	i	b	u	t	i	k	w	s	e	d	f
h	y	t	f	e	b	l	å	h	s	k	o	j	y	l	p
h	e	d	n	y	e	s	r	g	t	u	j	i	l	p	a

max   købe   gule   nye

blå   sko   butik

Find de 2 der matcher

Byt om på bogstaverne og dan ord

ankin = _____

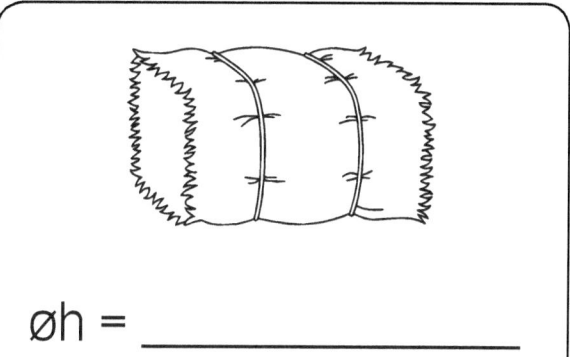

øh = _____

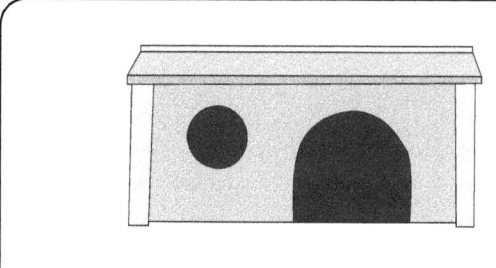

shu = _____

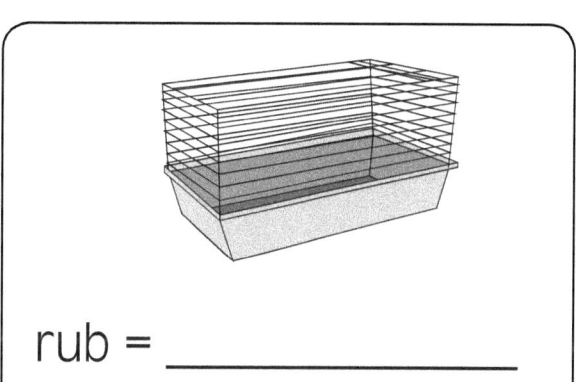

rub = _____

Kryds og Tværs! – Skriv det ord der passer med billedet. Husk at vende ordet rigtigt.

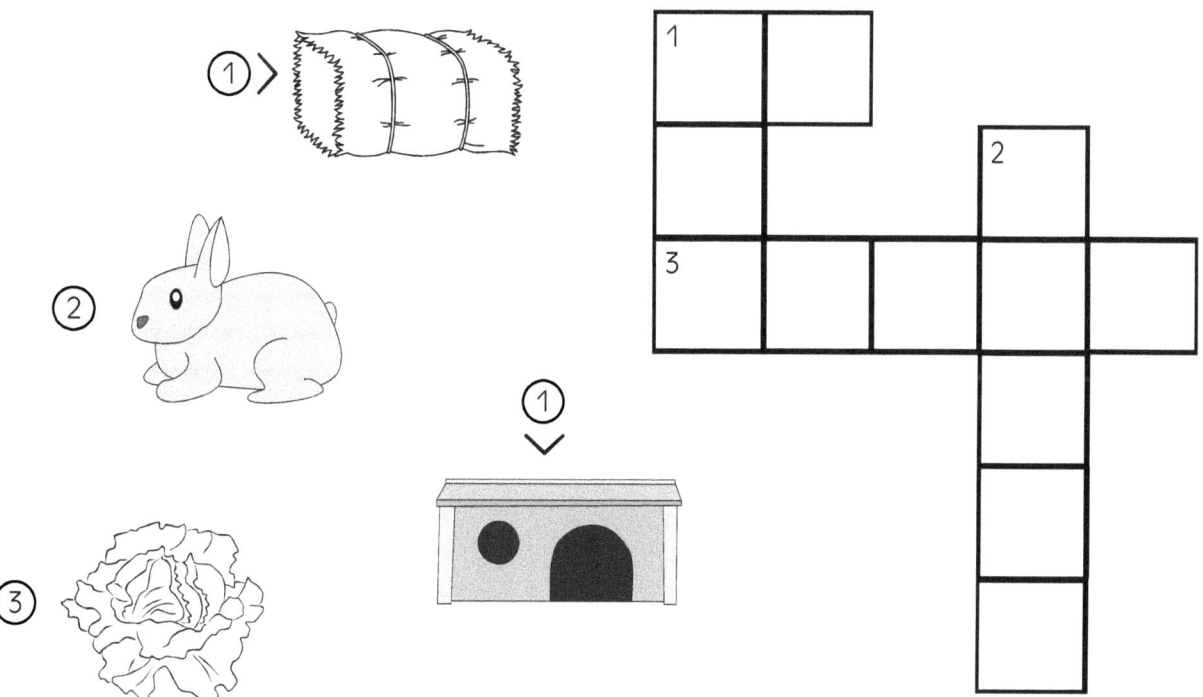

Sæt ring om 'a', 'i' og 'ø'

Ida har en sød kanin.

Den bor i et bur.

Den får hø og salat.

Den har et lille hus.

Find 5 fejl

Her skal du farvelægge tegningen

|

Her skal du farvelægge tegningen

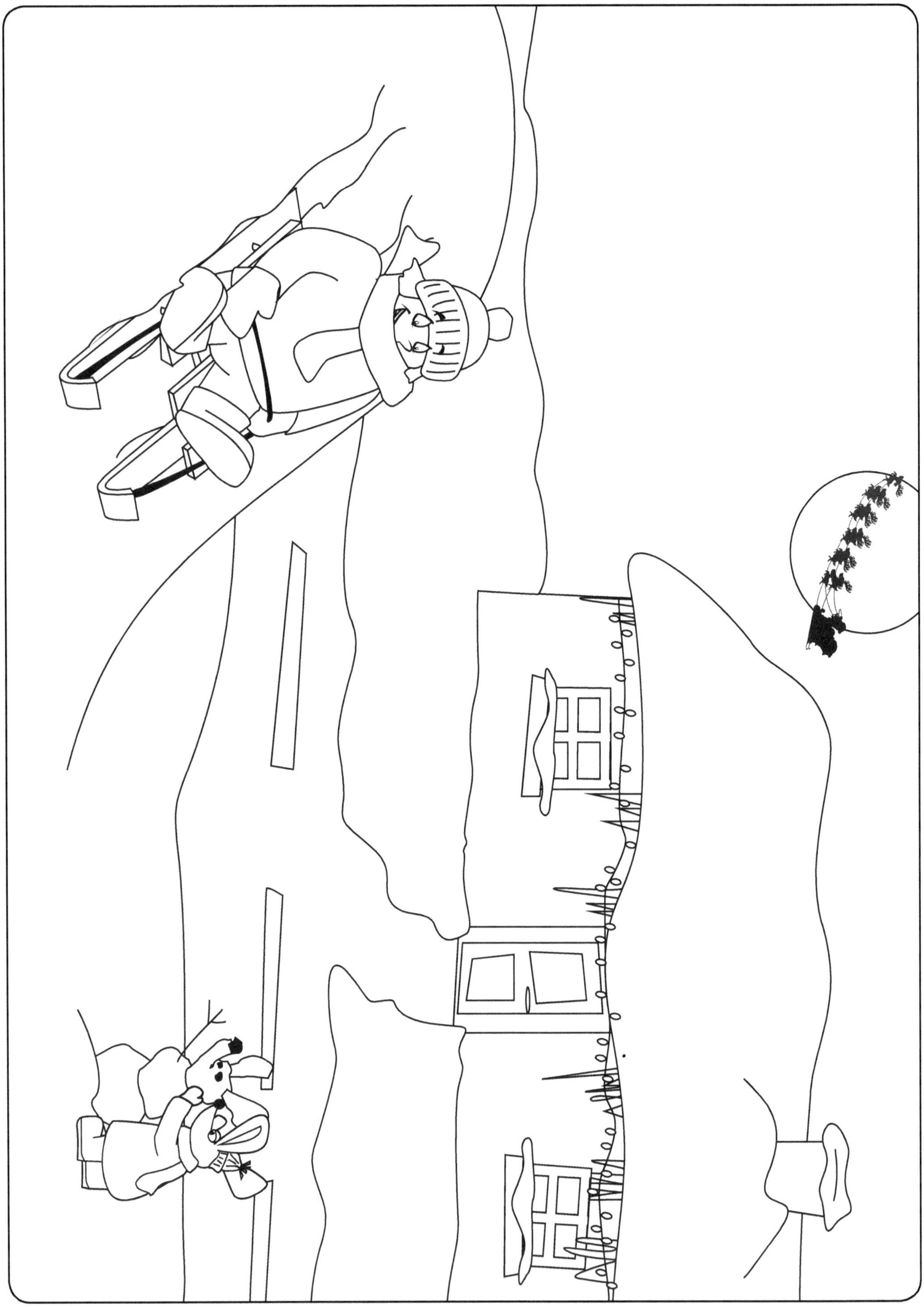

a b c d e f g h i j k l
m n o p q r s t u v w
x y z æ ø å

m	j	o	f		g	s	b

m	j	m	m	f	c	z		l	b	o

l	ø	m	l	f		g	s	b		f	o

u	p	q		b	g		j	t		p	h

t	o	f

| © 2016 Piffz - Alle rettigheder forbeholdes

 Besvar spørgsmålene på brug bogstaverne fra 'Ja'-svarene til at skrive kodeordet

① Er det jul i Lilleby? Ja ☐ Nej ☐ l

② Er der is og sne? Ja ☐ Nej ☐ i

③ Kan Line kælke på en top? Ja ☐ Nej ☐ n

④ Har Line en bil? Ja ☐ Nej ☐ a

⑤ Laver musen en snemus? Ja ☐ Nej ☐ e

KODEORD ____ ____ ____ ____

 Hvad har vi mon her? Måske har Fridusmus været i gang med noget

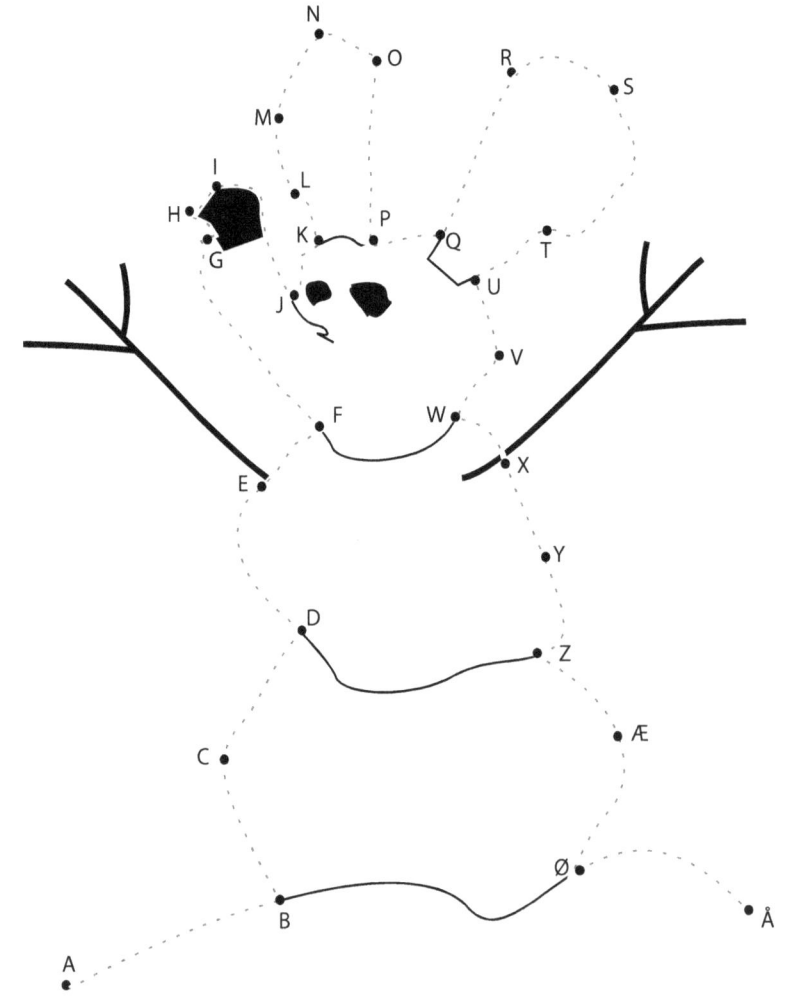

Find ordene

n	h	t	d	e	s	i	s	g	t	y	n	t	u	r	k
v	g	å	r	t	f	r	g	k	i	n	a	d	g	b	h
g	t	f	d	y	r	g	t	h	a	v	e	d	f	r	t
å	æ	h	p	a	n	d	a	s	q	y	h	u	k	i	m
h	o	æ	m	ø	å	b	a	m	b	u	s	e	t	r	y

| kim | dyr | is | have | går |
| kina | panda | bambus | tur |

Byt om på bogstaverne og dan ord

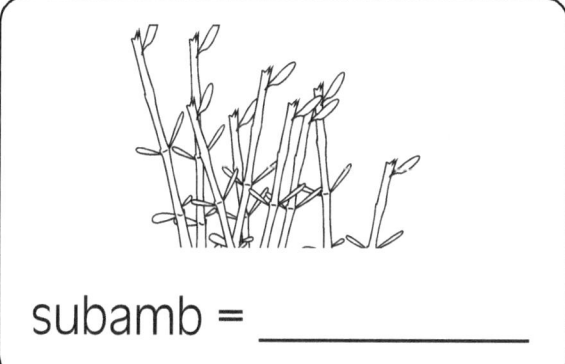

subamb = _____

danpa = _____

si = _____

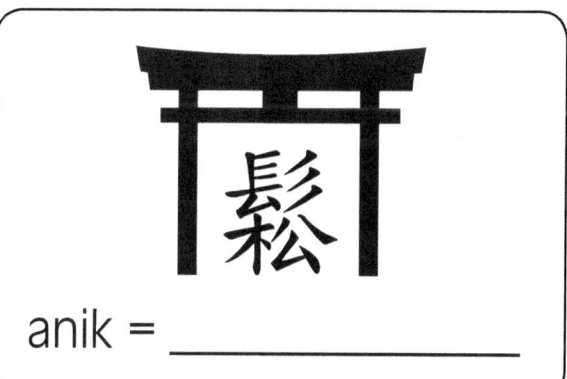

anik = _____

K ___ na   b ___ m ___ us   pa ___ ___ a

Ki ___   d ___ r   ha ___ e   t ___ r

d	m	u	v	d	n	a	b	i

Sætningsjagt! Skriv de bogstaver du møder på den rigtige vej gennem labyrinten

mål

___ ___ ___ ___   ___ ___   ___ ___

___ ___ ___ ___   ___ ___ ___ ___ ___ ___   ___ ___ ___ ___ ___ ___

Her skal du farvelægge tegningen

Bogstavjagt! Sæt ring om det fremhævede bogstav og tæl, hvor mange der er

m	h a m s u e j m g l æ q e p d m d m a m	
u	a w u k u k e u y d u s e ø i g u s a g h	
s	æ a n s i å r j n s i y o s n b s s æ g l s	
i	a y i s y u i u e q i w e i i d f i æ e s ø	
k	k a s k j e k k k v l v f ø s f s d f k a s	

Skriv Alfabetet. Brug så alfabetet til at se hvad der står nedenunder

1	2	3	4	5	6	7	8	9	10	11

12	13	14	15	16	17	18	19	20	21	22

23	24	25	26	27	28	29

15	12	5	11	1	14	12	1	22	5

7	15	4	13	21	19	9	11	13	5	4

19	9	14	15	2	15

Skriv selv ordene på linjen

obo

musik

lyde

sort

Find de 2 der matcher

Her skal du skrive de ord der mangler. Du kan se ordene i boksen nedenunder teksten

Her er en _____.

Vi kan se _____.

Der er en _____.

Kan vi se _____ eller kan vi se _____?

mars	pluto	raket	månen	planet

Find ordene. Både henad og nedad

k	j	g	m	p	l	u	n	y	s	d	e	t	a	m	l
a	w	s	y	l	w	e	t	e	l	b	m	x	c	a	l
g	g	a	k	a	n	i	y	b	m	m	å	n	e	n	o
h	h	k	v	n	m	x	l	z	y	t	l	d	h	f	j
å	æ	i	g	e	b	y	t	s	e	r	r	p	h	i	å
n	u	j	u	t	c	o	l	s	e	j	v	l	b	n	m
m	a	r	s	t	r	a	c	s	l	n	i	u	l	y	u
e	r	s	v	å	n	u	k	r	a	k	e	t	a	b	n
m	a	u	o	i	l	m	d	u	e	t	r	o	l	t	b

raket	mars	pluto	månen	det
planet	kan	man	ser	

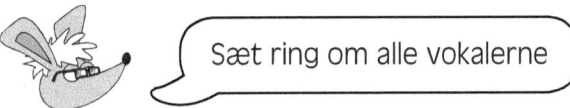

Sæt ring om alle vokalerne

Vi er i en raket.

Vi ser ud på en planet

Vi kan se månen.

Kan vi se Mars og Pluto?

Find 5 fejl

Her skal du farvelægge tegningen

Her skal du farvelægge tegningen

ned

koral

fisk

søanemone

en

haj

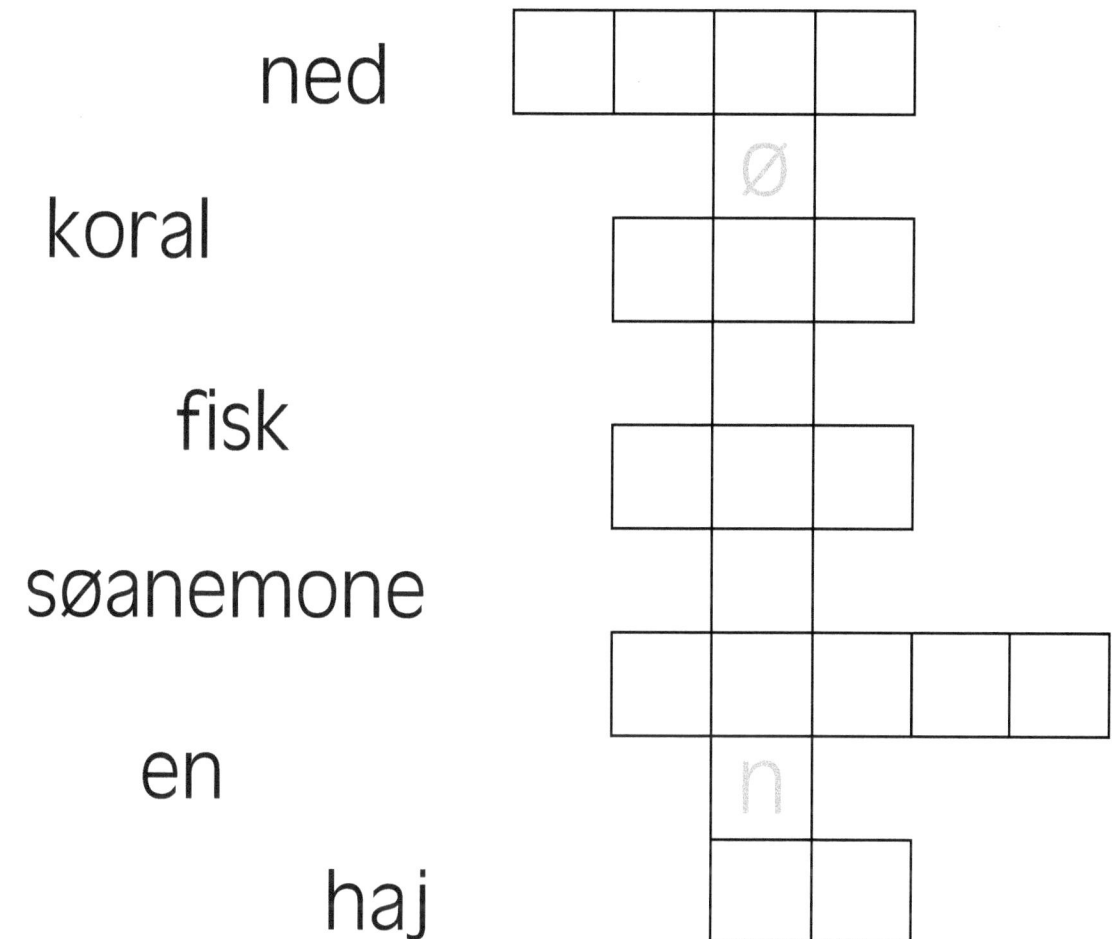

Følg bogstaverne og se hvad det bliver til. Håber ikke det er noget farligt

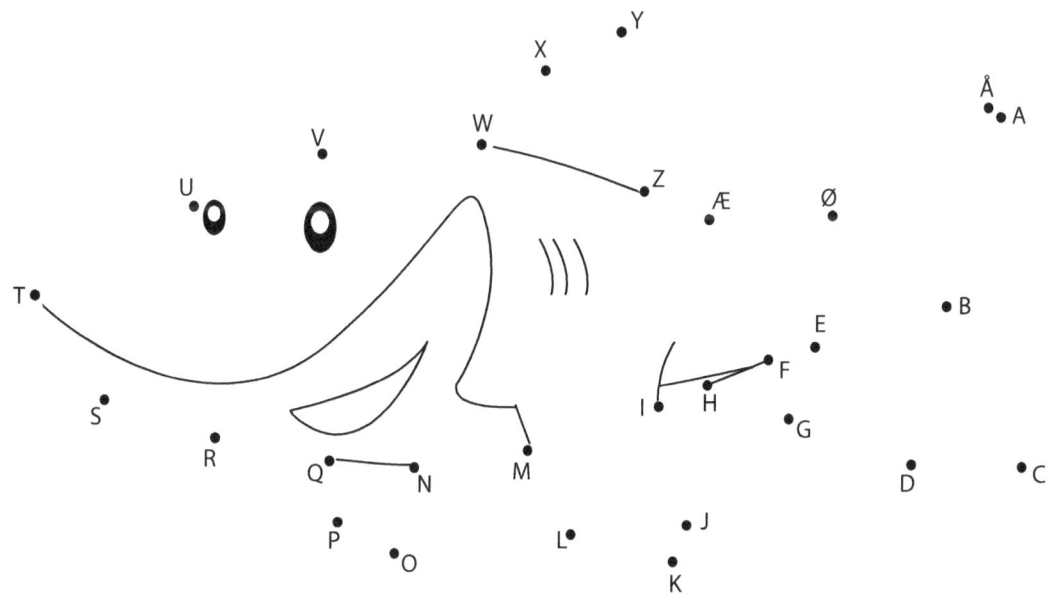

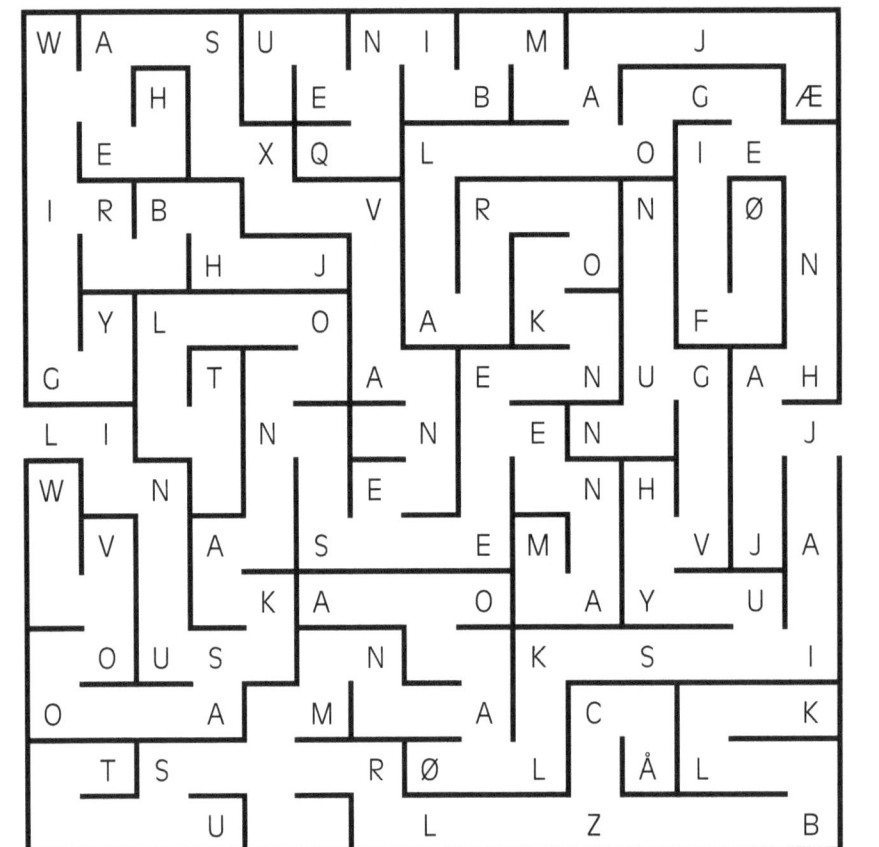

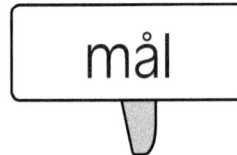

mål

_ _ _ _ _ _ _   _ _   _ _   _ _

_ _ _ _ _ _ _   _ _   _ _   _ _ _

Her skal du skrive det manglende bogstav

Li __ __ s   k __ r __ l   s __ s   __ aj

bå __   f __ __ k   s __ a __ e __ o __ __

u d ø ø n n m h e ø a i n s o

Skriv selv ordene på linjen

løve

hat

cirkus

høj

Byt om på bogstaverne og dan ord

① isrkuc   =   _____

② kisum   =   _____

③ velø   =   _____

④ tha   =   _____

⑤ flenate   =   _____

⑥ jøh   =   _____

cirkus   løve   musik
        hat   høj   elefant

Besvar spørgsmålene på brug bogstaverne fra 'Ja'-svarene til at skrive kodeordet

① Er løven i bur   Ja ☐   Nej ☐   h

② Er der en mus i en hat?   Ja ☐   Nej ☐   l

③ Er der en abe?   Ja ☐   Nej ☐   n

④ Er der en elefant?   Ja ☐   Nej ☐   a

⑤ Er der høj musik?   Ja ☐   Nej ☐   t

KODEORD   ____ ____ ____

Find de 2 der matcher

Her skal du farvelægge tegningen

 Her skal du farvelægge tegningen

Kryds og Tværs! – Brug ordlisten til at udfylde kryds og tværs'en

tomat   have

vil   sin

bed   plante

spise   salat

Skriv Alfabetet. Brug så alfabetet til at se hvad der står nedenunder

1	2	3	4	5	6	7	8	9	10	11	12
13	14	15	16	17	18	19	20	21	22	23	24
25	26	27	28	29							

22	9	22	9	19	11	1	12	19	29

6	18	28	9	19	9	14

6	9	14	5	8	1	22	5

Bogstavjagt! Sæt ring om det fremhævede bogstav og tæl, hvor mange der er

h | a j s h y e h d h e l l f s ø æ d h h e n i | ☐

a | n s h a a y e u r p x a k d n l a d k g k j | ☐

v | h a s v i v d v e e ø i v k e a k v f ø p y | ☐

e | s e e a o u g b w æ e m ø h p r å w l q e | ☐

Find 5 fejl

Sætningsjagt! Skriv de bogstaver du møder på den rigtige vej gennem labyrinten

mål

___ ___ ___ ____ ___ ___ __ ___ ___

___ ___ ____ ____ ___ ___ ___ __ __ __

Her skal du skrive de ord der mangler. Du kan se ordene i boksen nedenunder teksten

Her er et _____ hus.

Det er _____.

Det skal _____ _____.

Tim _____ god til at _____.

| male | lille | males | gult | blåt | er |

Find ordene. Både henad og nedad

p	å	e	r	b	t	g	s	æ	i	b	o	r	n	c	y
h	m	a	l	e	f	l	y	n	c	æ	h	æ	ø	f	w
c	x	b	i	f	a	q	t	w	n	i	v	n	h	u	s
c	m	y	l	g	h	g	u	l	t	r	y	u	a	o	k
b	c	v	l	y	z	o	p	l	i	a	b	v	n	t	a
f	g	e	e	b	k	m	b	o	l	e	l	x	a	r	l
æ	ø	n	x	z	f	q	t	b	i	n	å	c	k	f	r
a	b	g	o	d	e	t	c	k	b	y	t	k	s	j	n
g	s	k	y	m	p	b	t	i	m	s	g	n	o	l	å

til	hus	male	gult	tim	god
lille	skal	bor	han	blåt	

Følg bogstaverne og se hvad det bliver til

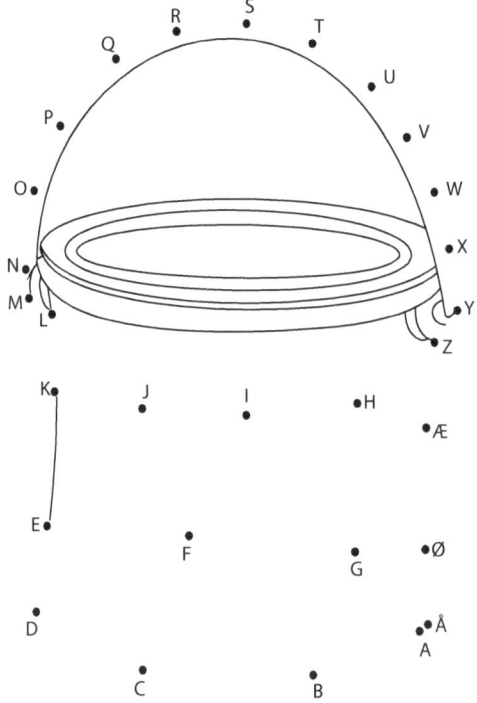

Her skal du farvelægge tegningen

Her skal du farvelægge tegningen

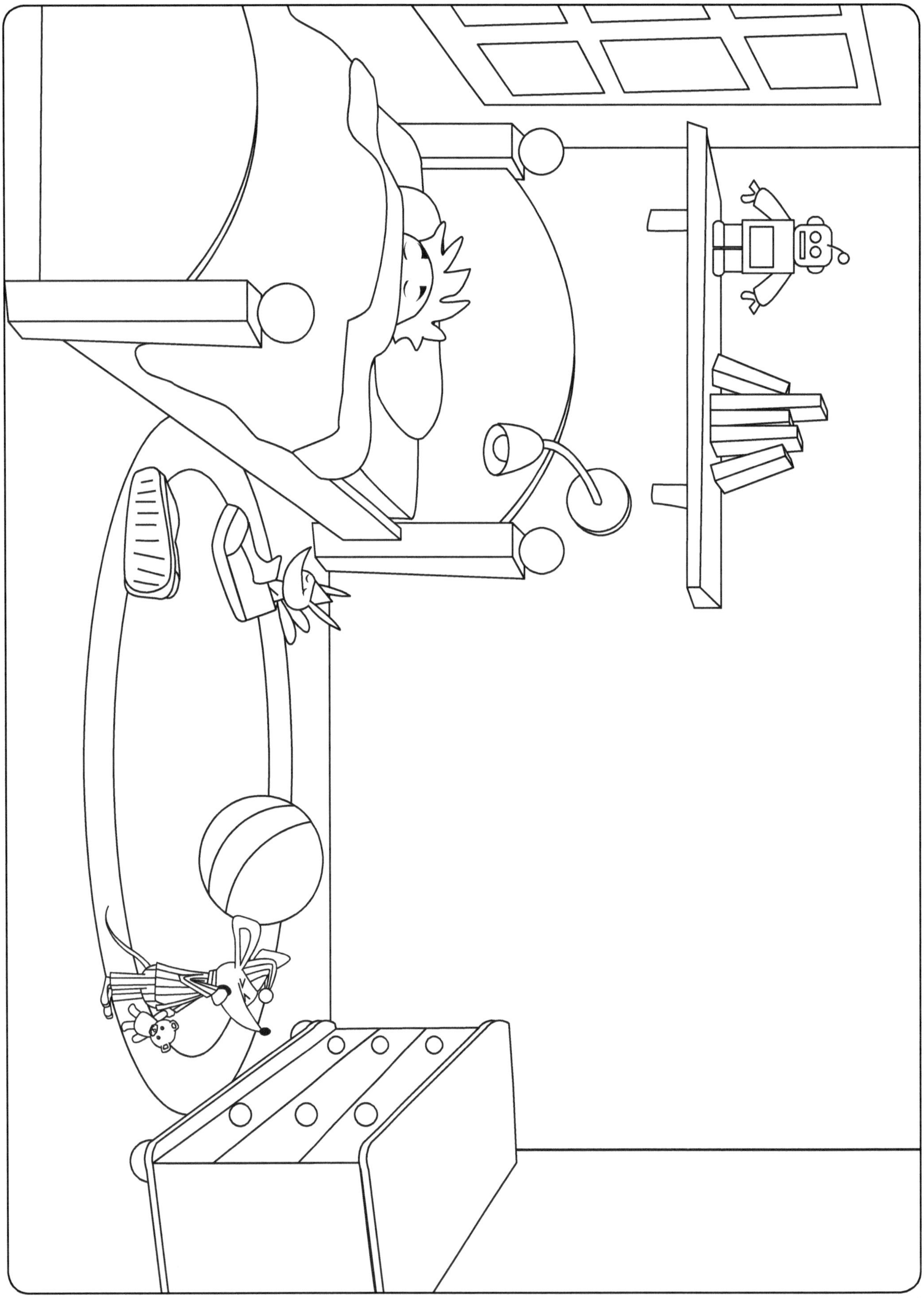

Skriv selv ordene på linjen

alf

nat

sød

blå

sko

Byt om på bogstaverne og dan ord

1. islas = _____   5. orb = _____

2. ant = _____   6. tah = _____

3. fla = _____   7. døs = _____

4. oks = _____   8. åbl = _____

sød	sko	silas	blå
bor	hat	alf	nat

Besvar spørgsmålene på brug bogstaverne fra 'Ja'-svarene til at skrive kodeordet

① Har Silas set en alf?   Ja ☐   Nej ☐   a

② Er den lille alf rød?   Ja ☐   Nej ☐   k

③ Er det en sød alf?   Ja ☐   Nej ☐   l

④ Har den lille alf kjole på?   Ja ☐   Nej ☐   o

⑤ Bor den i en sko?   Ja ☐   Nej ☐   f

KODEORD   ___ ___ ___

Find de 2 der matcher

pelikan

bor

næb

pæl

fisk   mia

gule

p

f

n

r

Bogstavjagt! Sæt ring om det fremhævede bogstav og tæl, hvor mange der er

p	j s i e p f p e r i s p a æ e p c ø f å p w	
e	h e y s i e e k r t å g ø w a e a l k e k e	
l	l a d k q l q l w e k s q w e r l æ r l p u	
i	i s k w u e r r v h i i q w i e v w k f a i	
k	h a k e k e l q æ w e k e k k q h w e k o	
a	m n b s a g a l o e ø å j g a a a o w å a	
n	d n s e j h r n f n q n n a r æ n s v p m	

D __ r   b __ r   en   p __ l __ k __ n

de __   ha __   et   g __ l __   n __ b

i   a   u   e   æ   r   o   e   r

Find 5 fejl

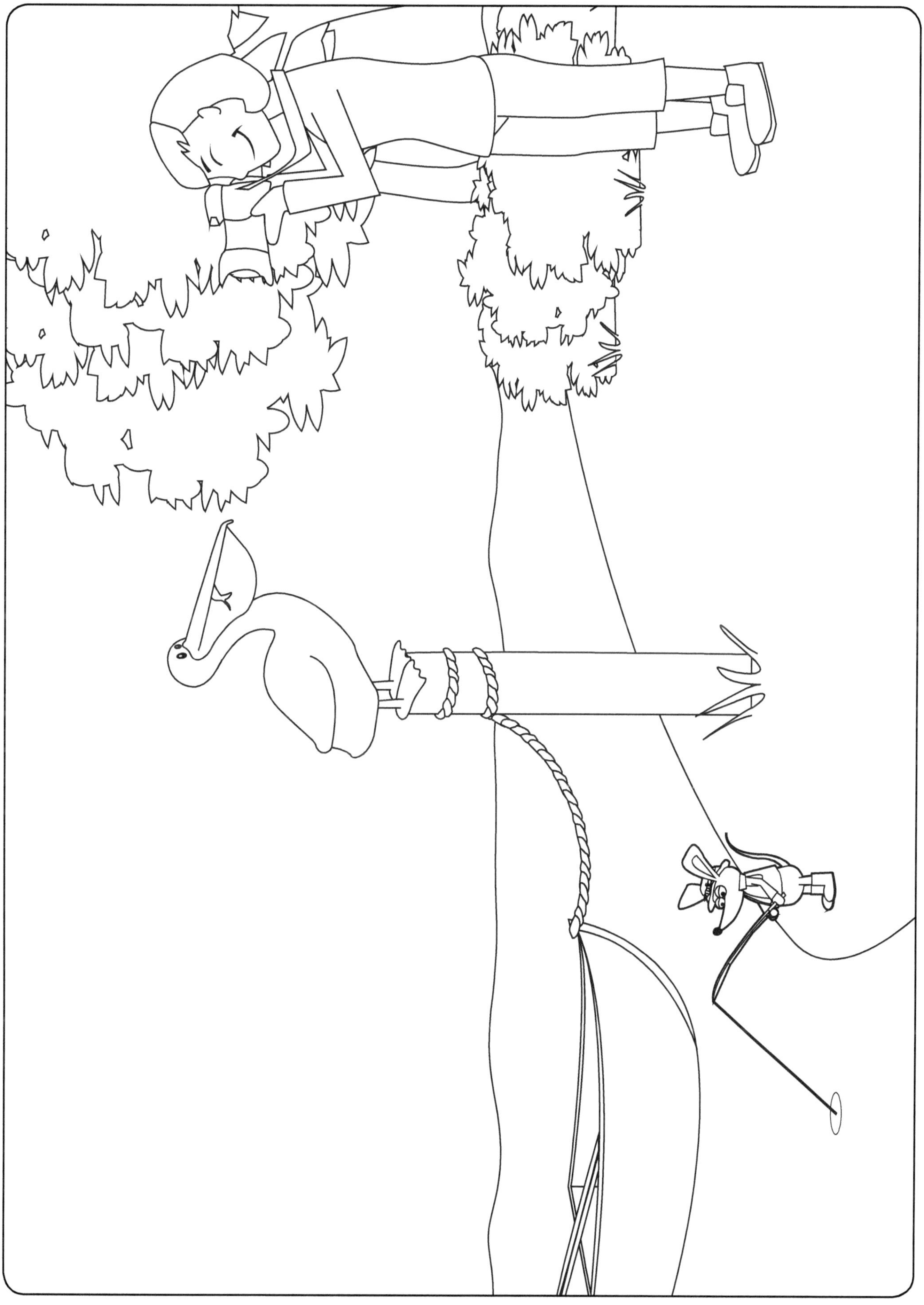

Her skal du farvelægge tegningen

a	s	g	o	m	c	ø	m	e	l	s	i	n	e	i	æ
h	d	o	b	c	j	t	y	i	s	m	p	j	x	h	o
c	k	h	f	a	r	m	o	r	a	q	z	b	t	o	s
b	ø	f	n	m	ø	æ	k	o	l	h	b	u	t	i	k
å	b	u	s	z	w	l	c	b	j	m	x	e	w	f	a
n	e	m	r	t	k	k	l	c	p	o	s	e	x	w	r
b	k	u	t	l	o	b	l	d	t	r	s	k	æ	j	p
c	e	q	m	a	d	h	c	p	y	m	b	c	o	r	h
b	l	d	y	e	v	o	x	ø	h	u	y	i	x	n	å

farmor	bus	oskar	butik	by	købe
pose	mad	mel	mælk	mor	

Følg bogstaverne og se hvad det bliver til

Sætningsjagt! Skriv de bogstaver du møder på den rigtige vej gennem labyrinten

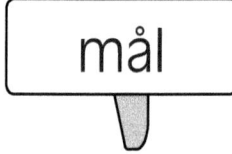

mål

_____   ____   ____

____   _____

Sæt ring om alle vokalerne

Oskar skal med bus.

Han skal til en by.

Han skal købe mad og mælk i en butik.

Han er med sin farmor.

Skriv selv ordene på linjen

kat

skole

taske

læse

sort

Byt om på bogstaverne og dan ord

① sHan = _____

② tak = _____

③ lesko = _____

④ kaste = _____

⑤ selæ = _____

⑥ irdof = _____

⑦ ræve = _____

⑧ rots = _____

| sort | taske | fordi | skole |
| læse | Hans | kat | være |

Besvar spørgsmålene på brug bogstaverne fra 'Ja'-svarene til at skrive kodeordet

① Har Hans en hund?   Ja ☐   Nej ☐   f

② Vil hans kat med i skole?   Ja ☐   Nej ☐   k

③ Kan en kat læse?   Ja ☐   Nej ☐   l

④ Er hans kat sort?   Ja ☐   Nej ☐   a

⑤ Er hans kat i hans taske?   Ja ☐   Nej ☐   t

KODEORD   ____ ____ ____

Skriv Alfabetet. Brug så alfabetet til at se hvad der står nedenunder

1	2	3	4	5	6	7	8	9	10	11	12
13	14	15	16	17	18	19	20	21	22	23	24
25	26	27	28	29

4	5	14	12	9	12	12	5	11	1	20

22	9	12	13	5	4	9

19	11	15	12	5

Her skal du farvelægge tegningen

Bogstavjagt! Sæt ring om det fremhævede bogstav og tæl, hvor mange der er

h	w a u s h e h e y d k e h a å f d æ g h s	
u	a u e h r l i r u u ø æ u k å d u w a i u i	
l	l l a u e b f s l e f b s r g b s a l s l a j	
e	a w e e o n s j l d b f g j e b q ø e p i e	

Find 5 fejl

Sætningsjagt! Skriv de bogstaver du møder på den rigtige vej gennem labyrinten

mål

___ ___ ___ ___   ___ ___ ___   ___ ___ ___   ___ ___ ___

Følg bogstaverne og se hvad det bliver til

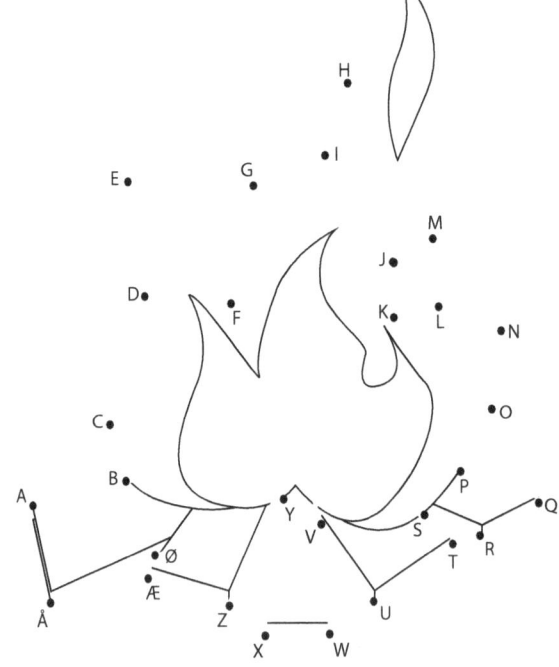

Her skal du skrive de ord der mangler. Du kan se ordene i boksen nedenunder teksten

Emil har en _____.

Hun er _____.

Hun har _____ og _____.

Hun _____ en _____ med _____.

flaske   sut   søster   ble   mælk   lille   får

Kryds og Tværs! – Brug ordlisten til at udfylde kryds og tværs'en

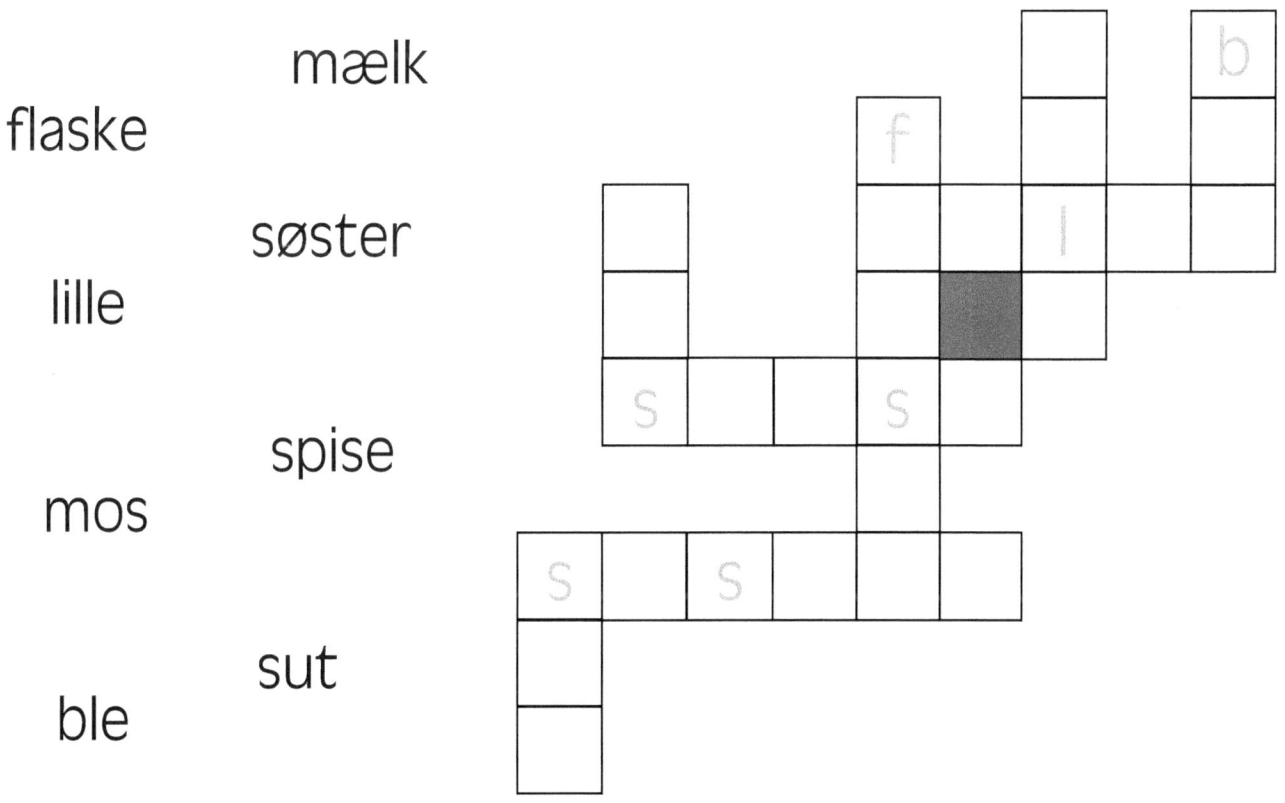

mælk

flaske

søster

lille

spise

mos

sut

ble

Find ordene. Både henad og nedad

a	k	e	v	b	s	p	i	s	e	q	f	r	w	u	i
n	m	m	o	s	x	c	p	å	a	b	l	e	b	o	s
t	f	i	d	u	m	h	u	n	ø	k	a	l	y	t	l
v	c	l	w	t	r	a	z	u	p	o	s	j	h	r	i
h	k	t	y	g	i	v	æ	n	s	y	k	w	y	n	l
k	e	t	n	d	c	e	s	ø	s	t	e	r	x	e	l
a	m	æ	l	k	i	t	n	l	g	å	f	q	y	x	e

hun	søster	mos	ble	flaske	emil
lille	mælk	spise	sut	have	

Find de 2 der matcher

Her skal du farvelægge tegningen

Hej!

Nu har du gennemført denne arbejdsbog.

Flot klaret! Du er for sej!

Med venlig hilsen

Kig ind på vores hjemmeside.
Der er mange gode bøger
for både børn og voksne!

www.piffz.com

All gode oplevelser starter hos Piffz.

www.ingramcontent.com/pod-product-compliance
Lightning Source LLC
Chambersburg PA
CBHW041646120626
46547CB00018B/2628